AF434730

Cecilia Fernández Maldonado

EMOTIVA

EDIZIONI WE

Immagine di copertina / Imagen de la portada por
Daniela Salgado Fernández

Tradotto da Johana Laura Mendez

ISBN 979-12-5497-092-8

©2023 Edizioni WE di Nicola Bergamaschi
Via Paulli 10/A – 26015 – Soresina (CR)

www.clickpertutti.com
www.edizioniwe.com
www.facebook.com/edizioniwe
www.instagram.com/edizioniwe
info@edizioniwe.com

Prefacio
*por Johana Laura Mendez**

Emotiva acoge un amor sin límites, un amor en formas y dimensiones diferente, nos hace comprender los cambiamentos y como cambiamos en el tiempo, nos lleva a recordar el sentimiento en un continuum de colores y vidas pasadas, presentes y quizás futuras. Cecilia no calla, no espera, ella ama y vive su mundo, así la escritora nos entrega una parte de su vida cundida siempre con amor y esperanzas, con dolores y reflexiones.

* **Johana Laura Mendez:** escritora chilena e Italiana pluri publicada y que ha tenido como mentor a Luis Sepúlveda, artista plástica es presidente del Colectivo Interculturae Tierra en Italia.

Prefazione
*di Johana Laura Mendez**

- 3 -

Emotiva accoglie un amore senza limiti, un amore nelle sue distinte forme e dimensioni, ci fa comprendere i cambiamenti e il fatto che siamo noi a cambiare nel tempo, ci porta a ricordare il sentimento in un continuum di colori e vite passate, presenti e forse future. Cecilia non tace, non attende, lei ama e vive il suo mondo, così la scrittrice ci dona una parte della sua vita condita sempre con amore e speranze, con dolori e riflessioni.

* **Johana Laura Mendez:** scrittrice cileno-italiana pluripubblicata, ha avuto come mentore lo scrittore Luis Sepúlveda; è, artista plastica e presidente del Collettivo Interculturale Tierra in Italia

EMOTIVA

Poesias en Castellano - Español
Poesie in Castigliano - Spagnolo

ALMA

El sueño toma alas
y comienza su viaje
lleno de ilusiones
ya tenía un mensaje
necesitaba volar
alto, seguro, libre
nacer para volver a crear
para nuevamente soñar
el alma está tranquila,
el alma está en paz.

QUERERTE

Quiero quererte así
Silenciosamente y calladamente
en miradas, suspiros,
mensajes y sueños.
Quiero quererte así
como de paso…
como un instante
como extraños.
Quiero quererte así
tranquilamente...
en la distancia...
desde mi mundo.
Es tan cierto
que quiero quererte así
Tan solo sin compromisos
solo queriéndote.

Y

Y he soñado contigo.
Y desnudos los cuerpos
se han unido en un mínimo
que forman un dos.
hemos amado en silencio
y tus labios y los míos
se encontraron en los besos
siendo solo uno, siendo solo dos.
Las bocas se sienten
se besan insaciables,
dos labios que se extrañan
tu cuerpo y el mío
se han volcado en el lecho
hoy hemos sido…
Hoy todo no es un sueño.
Te he sentido en mi piel,
he olfateado tu pelo.
¡Hoy si has sido mío!
hoy el cuerpo está sereno…

RAREZA

Extraño los momentos que compartimos.
Extraño cuando tomabas mi mano
haciéndome sentir libre de mi soledad.
Extraño tu ir y venir de mi vida
el estar o no estar,
seguido de eternos días de ausencia
o de momentos de amor y paz.
Lo extraño es que extraño
lo que no fue verdad…

EXISTIENDO

Cuando estamos cerca
respiro tu aire
¡Te siento !
estamos juntos
en momentos solo nuestros
Entonces
quiero sentirte!
entonces
quiero tenerte!
Tú sigues tu camino
yo sigo el mío
las miradas se encuentran
las palabras se buscan
se separan los caminos.
No somos amigos ni enemigos.
Entonces…
somos
Solo existiendo.

AUSENCIA

Ausente estas en mi espacio
sin disfrutar tu figura
escucho el eco de palabras
conversaciones ya lejanas.
¡Sigues en mí!
No respiro
no sonrío con tu mirada
insinuando momentos
que no podremos vivir.
Mas yo siento
sigues en mí
recorriendo los recuerdos
tu!
no sabes,
has olvidado
quien soy,
quien fui.

MI CORAZÓN TE AMA

Sujeta de mis instintos
pensando en un pasado
que no he vivido,
que no he sentido
busco, fijo la mirada.
¡Creo en Dios!
Me maravillo de la naturaleza
consciente que es natural amar,
pero no el pasado
sí amar todo lo real
y no te conozco
y siento que no estás,
pero estuviste
fuiste mío, me amaste
y yo a veces te amé.
Quiero creer en ti
buscándote antes
mucho antes de mí
pero ¿sabes?
¡Yo Creo en Dios!
Por eso no creo en ti
mi corazón te ama.

TIEMPOS

Tiempos remotos
tiempos ya idos
momentos y placeres
todos éramos amigos
no importan los colores,
gustos o brillos
todos éramos iguales
todos éramos amigos.
Hoy el tiempo ha pasado
Tú, yo y todos distintos
hoy vemos los colores
hoy todos nos reunimos
según nuestros sentidos
hoy compartimos instantes
los momentos ya se han ido;
hoy nos vemos distintos
ya los sueños han partido
separando los caminos.
Hoy el tiempo ha pasado
no sé si somos amigos.

AMAS

Amas profundamente
amas con un amor loco y vivo
amas sin límites,
sin fronteras
amas como aprendiendo a amar.
qué nos separó?
si amas con el alma entera
si amas como solo una vez se amará.

TU DIBUJAS TU VIDA

El tiempo pasó
nos hemos hecho tan viejos
y ya no somos amigos
se acabó
tú!
dibujas tu vida
y yo mi destino
no sé si fuimos un día
un amor sin corazón
o un corazón sin vida
tú!
dibujas tu vida
y en el recuadro ya no estoy
y en mi destino no apareces
escuchando las mentes
pero no el palpitar,
entonces el tiempo pasó?
nos hemos hecho tan viejos?
tan solos
tan sin vida
tú amas un recuerdo
yo adoro la
ilusion.

NO TE OLVIDO

En la ilusión del vivir
en la etapa más bonita
vuelcas todo tu amor
y mi vida es "Maravilla".
Voló al viento,
tocó mi mejilla
me dijo al oído te amo
Voló al aire
llevando un mensaje
amor por siempre
para siempre
como siempre.
Voló la semilla
se ubicó en lo hondo de mi corazón.

ESTAS

Apareces en mis sueños
cuando estoy despierta
asustando mi diario vivir;
apareces en mis sueños
cuando estoy dormida
haciéndome sentir libre
y volver a existir,
me estremece saber que existes

QUERERCE

Este amor tan mío,
que siendo tan mío no lo tengo.
Este amor ajeno
de otro lugar
de otro tiempo.
Este amor vacío
lleno de ausencia
amor sin dueño.
este amor
 ¡sí!
este si es amor.
Que, sin besos, caricias
sobrevive a nosotros y con nosotros

SE FUE

Se fue un día de otoño
cuando el sol alumbró
todos lloran la partida
va al encuentro con Dios.
Su máquina
no pudo controlar
un obstáculo en el camino
Y ya no volverá más.
Salió de casa cantando
el partía feliz
llega a casa callado
Su carita risueña
no trae ninguna expresión
ya no ríe, ya no canta
ya no late su corazón.
Se fue un día de otoño
cuando el sol alumbro

Poesias en Italiano
Poesie riadattate all'Italiano

ANIMA

Il sogno prende il volo
e inizia il suo viaggio
colmo d'illusioni
porta un messaggio.
Bisogno aveva di volare alto, sicuro, libero
nascere per ritornare a creare e sognare nuovamente
l'anima ora è serena
l'anima trova la pace.

VOLERTI BENE

Vorrei volerti bene
silenziosamente e senza parole
con sguardi, sospiri, messaggi e sogni.
Vorrei volerti bene così
di sfuggita…
come un istante
come estranei,
Vorrei volerti bene così
in tranquillità e a distanza
dal mio mondo.
È una verità così pura
vorrei volerti bene così
senza impegni formali
soltanto volendoti un gran bene.

E

E ho sognato con te
e nudi erano i nostri corpi
si sono uniti in un minimo che forma un più
e le tue labbra e le mie in un bacio si sono trovate
essendo uno e poi due.
Le nostre labbra si sentono e insaziabili si baciano.
La mancanza sentono le nostre labbra
e i nostri corpi attorcigliati sono nel letto.
Oggi siamo stati…
nell'oggi il tutto non è più un sogno
nella mia pelle ti ho percepito, odorando
perfino i tuoi capelli
Oggi sei stato mio!
Oggi sereno si ritrova il corpo…

STRANEZZA

Sento la mancanza dei momenti condivisi
quella mancanza nel tuo prendermi per mano
e mi sentivo libera nella mia solitudine.
Sento la mancanza del tuo andare e ritornare nella mia vita
quel non esserci ma esserci
accompagnato da giorni eterni di assenza
oppure di istanti di pace e amore
ciò che è strano è che mi manca quello che in verità
non c'è stato…

NELL'ESISTERE

Quando siamo vicini respiro perfino l'aria tua.
Ti sento!
Vicini ci troviamo in momenti soltanto nostri.
Allora
vorrei sentirti!
Allora
Vorrei averti!
Tu vai per la tua strada e io seguo il mio cammino
nel mentre i nostri sguardi si incontrano
le parole si cercano
le strade di dividono
non siamo né amici e tantomeno nemici.
Allora…
Siamo soltanto nell'esistere.

ASSENZA

Assente sei nel mio spazio.
Senza godere della tua figura
ascolto l'eco di parole e conversazioni lontane
continui ad esserci in me!
Non respiro e non sorrido con lo sguardo tuo
che insinua momenti che non potremo vivere
ma io sento
sei ancora in me
e percorro i ricordi di te.
Tu!
Non sai.
Hai scordato chi sono e chi sono stata.

IL MIO CUORE T'AMA

Soggetta ai miei istinti
pensando a un passato mai vissuto
che non ho percepito
cerco e focalizzo lo sguardo tuo.
Credo in Dio!
Mi sorprendo della natura
sono cosciente che amare è naturale ma non il passato
ciò che non è esistito nella mia realtà
ma amare è reale
e non ti conosco e sento che non ci sei ma sei stato
eri mio e mi amavi e a volte anch'io ti amai.
Vorrei credere in te cercandoti ancor prima di me,
Ma lo sai?
Io credo in Dio!
Quindi credo in te
il mio cuore t'ama.

TEMPI

Lontani tempi
Tempi andati
Istanti e piaceri
Eravamo tutti amici
Non importavano i colori, gusti o i luccichii
Eravamo uguali tutti, amici
Oggi il tempo è trascorso, tu, io e tutti diversi
Ora vediamo i colori, oggi tutti ci incontriamo
secondo ciò che sentiamo
Oggi condividiamo istanti
I momenti di allora se ne sono andati
Oggi ci vediamo diversi
I sogni sono già andati via e si sono divise le strade
Oggi il tempo ci è passato accanto
Non so più se rimaniamo ancora amici

AMI

Ami profondamente
Ami con quell'amore pazzo e vivo
Ami senza limiti e senza frontiere
Ami imparando ad amare
Cosa ci ha diviso?
Se ami con tutta l'anima
Se ami come solo una volta si può amare

TU DISEGNI LA TUA VITA

Andato è il tempo
vecchi siamo diventati
amici già non siamo
è finita.
Tu!
Disegni la vita tua e io il mio destino
non so più se un giorno siamo stati
un amore senza cuore o un cuore senza vita.
Tu!
Disegni la tua vita e nella cornice che la circonda
io non ci sono.
E nel mio destino tu non appari
Ascoltando i pensieri ma non i battiti
Allora il tempo è passato?
Siamo divenuti vecchi?
Così soli
Così privi di vita
E tu ami un ricordo
E io adoro l'illusione

NON MI SCORDO DI TE

Nell'illusione del vivere
in quella più bella delle età
rovesci tutto il tuo amore e la mia vita è meraviglia
è volato nel vento
ha sfiorato la mia guancia
al mio udito ha sussurrato un t'amo
è volato nel vento portando un messaggio
amore per sempre e nel sempre
è volato il seme e si è posato
nel profondo del mio cuore.

CI SEI

Appari nei miei sogni
quando sono sveglia
Spaventando le mie giornate
appari nei miei sogni
Quando dormo mi fai senitr libera
e ritorno a vivere
rabbrividisco con il solo sapere che esisti.

VOLERSI

Questo amore così mio
Che sento così mio pur non avendolo.
Questo lontano in un altro luogo e tempo
Questo amore vuoto pieno di assenza
Amore senza padrone.
Questo è amore
Sì!
Questo è amore
Senza baci e senza carezze
sopravvive a noi e con noi.

SE N'È ANDATO

Se n'è andato in un giorno d'autunno
Il sole lo illuminava
Tutti piangono la dipartita
Va incontro a Dio
La sua auto non l'ha potuta controllare
Un ostacolo sulla strada e già non ritornerai.
È uscito cantando da casa
Lui se ne andava felice
Ritorna a casa in silenzio
Ah!
Il suo faccino sorridente non porta emozione alcuna
Già non ride, non canta, non batte il suo cuore.
Se n'è andato in un giorno d'autunno
Il sole lo illuminava.

Biografía de la Autora

Cecilia Fernández Maldonado, chilena, nacida en la ciudad de Chillán el año 1964.

Mujer soñadora amante de la música comienza a escribir de niña recibiendo reconocimientos en concursos de su colegio en enseñanza básica y media.

A través de la poesía busca el amor que siente intenso, vivo, romántico que existe o existió en otro tiempo y al no comprender su sentir se cuestiona sobre la reencarnación para tranquilizar este corazón enamorado.

Madre de dos hijas que el permitieron viajar por la maternidad y abrir su corazón al amor Incondicional.

Hoy vive el encantamiento de ser abuela de Josefa, Javier y Julieta.

El año 2000 se encuentra con las terapias complementarias y comienza a estudiar alguna de ellas abriendo así la puerta a una nueva actividad para la vida y vibración para el alma.

Biografia dell'Autrice

Cecilia Fernández Maldonado nasce nella città di Chillàn in Chile nel 1964, donna sognatrice amante de la musica inizia a scrivere da bambina ed è premiata per le sue poesia sia alla primaria che nella secondaria. Attraverso la poesia cerca l'amore che lei sente intenso, vivo, romantico presente nel oggi o in un altro tempo e poichè non lo comprende, ma lo sente nascere da un passato non vissuto si domanda e studia la reincarnazione, cercando così di dare pace al suo cuore innamorato.

È madre di due figlie che le hanno permesso di viaggiare nell'universo della maternità e aprire il suo cuore all'amore senza condizioni.

Oggi vive una certa magia nel trovarsi a essere nonna di Josefa, Javier e Julieta.

Nel 2000 ha incontrato le terapie complementari e ha iniziato a studiarne alcune, aprendo così la porta ad una nuova attività nella quale sente vibrare la sua anima.

Biografía de la Traductora

Johana Laura Mendez, chilena e italiana, nace en La Calera y crece en Hijuelas Chile.

Es pluri publicada en Italia, escritora infantil, poetisa, pintora.

Ha vendido miles de libros entre Italia y Chile; ha sido reconocida como artista poliédrica de parte de la Presidenta Michelle Bachelet, gracias a la cual, ha trabajado con Dirac Internacional y con la embaja de Chile en Roma.

Ha tenido como mentor a Luis Sepúlveda el cual ha hecho una maravillosa prefacio para uno de sus libros infantiles.

Johana Laura Mendez es una traductora, talent scout y agente literaria también de WE, casa editorial italiana internacional, para Chile y otros países.

Facebook: Johana Laura Mendez II
Instagram: Johana Laura Mendez
Mail: aristoli2023@gmail.com

Biografia della Traduttrice

Johana Laura Mendez, cilena e italiana nasce in La Calera e cresce in Hijuelas (Cile).
È pluripubblicata in Italia, scrittrice per l'infanzia, poetessa, pittrice.
Ha venduto migliiaia di libri tra Italia e Cile, è stata riconosciuta come artista poliedrica dall'ex presidentessa del Cile Michelle Bachelet, grazie alla quale ha potuto collaborare con Dirac Internacional e con l'ambasciata cilena a Roma.
Ha avuto come mentore Luis Sepúlveda che le ha fatto una meravigliosa prefazione al suo quarto libro.

Johana Laura Mendez è una traduttrice, talent scout e agente letterario anche di Edizioni WE, casa editrice italiana internazionale, per il Cile e altri paesi.

Facebook: Johana Laura Mendez II
Instagram: Johana Laura Mendez
Mail: aristoli2023@gmail.com

Índice - Indice